BEI GRIN MACHT SICH IHR WISSEN BEZAHLT

AF150192

- Wir veröffentlichen Ihre Hausarbeit,
  Bachelor- und Masterarbeit

- Ihr eigenes eBook und Buch -
  weltweit in allen wichtigen Shops

- Verdienen Sie an jedem Verkauf

Jetzt bei www.GRIN.com hochladen
und kostenlos publizieren

Jennifer Blasinski

Mediatisierung der Kriminalität – Straftäter im Web 2.0?

Am Beispiel von Graffiti

GRIN Verlag

Bibliografische Information der Deutschen Nationalbibliothek:

Die Deutsche Bibliothek verzeichnet diese Publikation in der Deutschen National-
bibliografie; detaillierte bibliografische Daten sind im Internet über http://dnb.d-
nb.de/ abrufbar.

Impressum:

Copyright © 2012 GRIN Verlag GmbH
Druck und Bindung: Books on Demand GmbH, Norderstedt Germany
ISBN: 978-3-656-35408-6

Dieses Buch bei GRIN:

http://www.grin.com/de/e-book/208068/mediatisierung-der-kriminalitaet-straftaeter-
im-web-2-0

GRIN - Your knowledge has value

Der GRIN Verlag publiziert seit 1998 wissenschaftliche Arbeiten von Studenten, Hochschullehrern und anderen Akademikern als eBook und gedrucktes Buch. Die Verlagswebsite www.grin.com ist die ideale Plattform zur Veröffentlichung von Hausarbeiten, Abschlussarbeiten, wissenschaftlichen Aufsätzen, Dissertationen und Fachbüchern.

Besuchen Sie uns im Internet:

http://www.grin.com/

http://www.facebook.com/grincom

http://www.twitter.com/grin_com

Technische Universität Berlin
Fakultät VI - Institut für Soziologie
Seminar: Kommunikation, Medien und Mediatisierung

Eingereicht von: Jennifer Blasinski

Mediatisierung der Kriminalität – Straftäter im Web 2.0 ?

- Essay -

Dass verschiedenste Medien, wie Fernseher, Radio, Handys, MP3 – Player, Computer usw. Einzug in den Alltag moderner Gesellschaften gehalten haben, wenn nicht sogar maßgeblich bestimmen, lässt sich nicht von der Hand weisen. In diesem Zusammenhang fällt vor allem auch in den Sozialwissenschaften, häufig der Begriff der *Mediatisierung*, um die Vorgänge innerhalb moderner Gesellschaften in Bezug auf Medien zu beschreiben. Unsere heutige Alltagswelt würde zunehmend von Medien durchdrungen werden, wir würden in einer mediatisierten Alltagswelt leben (vgl. Hartmann/Hepp 2010). Dabei scheint das Vokabular in den Wissenschaften jedoch nicht einheitlich zu sein. So existieren neben dem Begriff der Mediatisierung auch solche der Medialisierung, Mediation, oder aber Mediatization, die parallel, sowie teilweise synonym, oder aber mit deutlicher Akzentverschiebung verwendet werden (vgl. Meyen 2009: 24).

Der Kommunikationswissenschaftler und Soziologe *Friedrich Krotz* z.B. charakterisiert Mediatisierung als einen der Meta–Prozesse, die die Moderne entlang von Individualisierung, Kommerzialisierung und Globalisierung formen würden (vgl. Krotz 2008: 24 f.). Das Spezifikum der Mediatisierung läge darin, dass diese als Meta-Prozess eine Veränderung der Kommunikation, sowie einhergehend damit eine Veränderung des Kernes menschlichen Verhaltens herbeiführen würde (vgl. ebenda; sowie auch Lundby 2009: 5). Medien würden eine immer größere Rolle spielen, da sie für das kommunikative Handeln in der Gesellschaft verwendet werden und so auch maßgeblich die Wirklichkeit beeinflussen würden (vgl. Krotz 2007: 13). Unter Meta-Prozess meint Krotz damit den Umstand, dass es sich um eine lang andauernde und Kultur übergreifende Veränderung handele, die die soziale und kulturelle Entwicklung der Menschheit langfristig beeinflussen würde (vgl. Krotz 2007: 27). Ferner sei dieser Metaprozess nicht von anderen Entwicklungen, wie der Globalisierung, oder aber auch Individualisierung usw., die zu diesem parallel laufen würden, abgrenzbar. *Winfried Schulz*, auch seinerseits Soziologe und Kommunikationswissenschaftler, liefert einen weiteren theoretischen Ansatz. So sei eine der Grundannahmen in Bezug auf die Mediatisierung, dass die technologischen, semiotischen und wirtschaftlichen Merkmale von Massenmedien problematische Abhängigkeiten, Zwänge und Übertreibungen zur Folge hätten (vgl. Schulz 2004: 87). Des Weiteren konstatiert Schulz vier Prozesse sozialen Wandels. So würden Medientechnologien die natürlichen Grenzen des menschlichen Kommunikationsvermögens erweitern (*Extension*), sowie partiell, oder vollständig andere soziale Aktivitäten verdrängen, oder aber verändern, sobald non-mediale Aktivitäten mediale Formen annehmen, oder aber neue Medien traditionelle Formen der Kommunikation ersetzen würden (*Substitution*). Ferner würden Medienaktivitäten mit anderen, auch non-medialen Aktivitäten fusionieren, sodass eine Entgren-

2

zung dieser stattfände und die Mediennutzung immer mehr in unserem alltäglichen Leben verflochten wäre (*Amalgamation*). Schließlich würde aber auch allein die Existenz der Medien sozialen Wandel verursachen und sowohl wirtschaftliche, als auch Akteure in anderen gesellschaftlichen Bereichen, wie Politik oder Unterhaltung würden sich an die Regeln des Mediensystems anpassen müssen (*Accomodation*) (vgl. Schulz 2004; Meyen 2009: 27; Lundby 2009: 10).

Neben diesen zwei Beispielen für bestehende, soziologische Theorieansätze beschäftigen sich noch viele andere Sozial- und Kommunikationswissenschaftler mit Mediatisierung (oder auch Medialisierung, Mediation usw.). Und auch, wenn diese in den Wissenschaften nicht mit gänzlich einheitlichen Begrifflichkeiten, oder aber auch mit deutlichen Akzentverschiebungen behandelt zu werden scheint, so scheint Mediatisierung dennoch stets im Zusammenhang mit sozialem Wandel und der Rolle der Medien, sowie der mediatisierten Kommunikation innerhalb dieser Transformationen, verhandelt zu werden und sich auf Prozesse zu beziehen, die beinahe alle Bereiche des sozialen und kulturellen Lebens beeinflussen. Was also allen theoretischen Ansätzen gemein sein dürfte, ist die Behauptung die digitalen Medien würden zunehmend in die unterschiedlichsten Lebensbereiche vordringen, sie verändern und einhergehend damit in die Handlungen der Menschen eingreifen. Dementsprechend seien Medien mehr als nur bloße Vermittler im Sinne eines „getting in between" (vgl. Lundby 2009: X).

In den Sozialwissenschaften ist z.B. die Rede von einer Mediatisierung der Religion (vgl. Hepp und Krönert 2009), einer Mediatisierung der Politik (vgl. Vowe 2006), oder einer Mediatisierung von Kultur (vgl. Hepp 2011). Zahlreiche Werke sind bereits über Mediatisierung publiziert worden. Doch wie verhält es sich mit der Mediatisierung im Zusammenhang mit *Kriminalität*? Wenn Mediatisierung Einzug in beinahe alle sozialen Bereiche gehalten hat und zunehmend hält, müsste sich wohl auch von einer mediatisierten Kriminalität sprechen lassen. Doch welchen Medien bedienen sich Kriminelle dann? Sind sie selbst auf öffentlichen Plattformen vertreten? Filmen diese sich bei ihren Straftaten und laden diese dann bei Youtube hoch? Und wenn ja, wie werden sie dann dort im öffentlichen Diskurs verhandelt? Kann ihnen eventuell sogar eine Art Popstarstatus zukommen und wie kulant sind die Videoplattformen, was das Publizieren von Videos mit kriminellem Inhalt anbelangt, d.h. wie steht es um die soziale Akzeptanz dieser Videos? Wie weit gehen Leitsprüche wie „Broadcast Yourself" – „Sende dich selbst"? Verändern und wenn ja, inwiefern verändern sich kriminelle Aktivitäten mit voranschreitender Mediatisierung? Wie transformiert sich die Kommunikation, wie das soziale Handeln, wie die soziale Interaktion, wie der Zuschauerraum usw. unter Verwendung digitaler Medien? Ein Essay kann sicherlich keine allzu umfassenden, oder erfüllenden Antworten auf diese vielen Fragestellungen geben. Jedoch wird versucht werden diese zumindest anzureißen und einige der Erkenntnisse, die in diesem Zusammenhang gewonnen, sowie einige Überlegungen, die in diesem Zusammenhang getätigt wurden zu exerzieren.

Das Wort „*Kriminalität*" zunächst, ist in sozialwissenschaftlichen Diskussionen eher unüblich, viel mehr wird von *abweichendem Verhalten* gesprochen. Dieses wiederum lässt sich selbst noch einmal in verschiedene Bereiche (rechtlich als abweichend bezeichnetes Verhalten, delinquentes, kriminelles Verhalten, unkonventionelles, zu bestrafendes Verhalten usw.) ausdifferenzieren (vgl. Lüdemann und Ohlemacher 2002 :10). *Downes* und *Rock* z.B. (1982 in ebenda), verstehen dabei unter abweichenden Verhalten eines, das potentiell Bestrafung oder Ablehnung hervorruft. Es sei, wiederum nach *Bolte* und *Hradil,* „ein Verhalten, das nicht den Regeln, Normen und Verhaltenserwartungen entspricht, die in einer Gesellschaft oder in einem ihrer Teilbereiche gelten" (1984: 320).

Eine Form abweichenden Verhaltens stellt der *Vandalismus*, die vorsätzliche Zerstörung oder Beschädigung von Sachen oder Gebäudeteilen, dar (vgl. Peters 2009:34). Da jedoch auch der Vandalismus viele Gesichter hat, auf die nicht alle im Einzelnen eingegangen werden kann, wird sich auf illegales Graffiti, als eine Art des Vandalismus beschränkt werden, das mit seiner urbanen Omnipräsenz vermutlich gleichsam die populärste und umstrittenste darstellt. Welche unterschiedlichen Positionen zum Graffiti bestehen und ob dieses ferner der Kategorisierung „Vandalismus" gerecht wird, soll hierbei jedoch nicht genauer ausgeführt werden. Graffiti meint dabei das Bemalen oder Besprühen, zumeist mit Sprühdosen, auf Wandflächen, aber auch an Bahnen, Bussen u.v.m. und stellt damit eine Art der Kommunikation im öffentlichen Raum dar (vgl. Skrotzki 1999: 10). Der sogenannte *Writer* hat jedoch keine Rechte an den Gegenständen, die er bemalt. Das Anbringen von Graffiti im öffentlichen Raum ist i.d.R. illegal und wird u.a. auch nach Paragraph 303 im Strafgesetzbuch[1] als Sachbeschädigung verhandelt und mit Freiheits- oder Geldstrafe geahndet. Illegales Graffiti stellt somit eine *Straftat* dar[2]. Doch trotz Sanktionsmaßnahmen, scheint dieses abweichende Verhalten, diese illegale Kommunikation im öffentlichen Raum, kontinuierlich präsent zu sein. Ferner scheinen sich die Aktivitäten und die Dokumentation dieses abweichenden Verhaltens nicht nur auf reale, sondern auch auf virtuelle, öffentliche Räume ausgedehnt zu haben. Graffiti als eine Form des Vandalismus scheint auch im *Web 2.0* angekommen zu sein und mit Anklang verbreitet zu werden.

---

[1] Vgl. http://www.gesetze-im-internet.de/stgb/__303.html, Stand 14.04.2012
[2] Vgl. http://www.juraforum.de/lexikon/straftat-abgrenzung-zur-ordnungswidrigkeit, Stand 18.04.2012

Die Bezeichnung Web 2.0 meint dabei „eine dezentrale und an den Interessen der Nutzer orientierte Nutzung des Internets" (Godau/Ripanti 2008: 205). Diese sei ferner durch Social Software ermöglicht worden und hätte den Weg dahingehend geebnet, dass Nutzer nun nicht mehr ausgefeilte Programmierfähigkeiten besitzen müssten, um in der Lage sein zu können im Internet zu publizieren, eigene Homepages zu erstellen usw. Des Weiteren würde das Web 2.0 nun auch im Zusammenspiel mit anderen technologischen Entwicklungen, die zuvor strikt getrennt waren, wie mit dem Handy oder im Zusammenhang mit Digitalkameras genutzt werden, sodass das Hoch- und Herunterladen von Fotos, Musik, oder Videos erleichtert worden wäre und zugenommen habe (vgl. Huber 2008: 16).

Dass sich auch Kriminelle zunehmend digitalen Medien und dem Web 2.0 zur Verbreitung und Illustration ihrer illegalen Aktivitäten zu bedienen scheinen, lässt sich u.a. anhand von Videos auf der Internetplattform Youtube am Beispiel der *Writercrew 1Up* zeigen. Auf einem *Youtubechannel* namens *AggroTV* sind zahlreiche Videos dieser Crew veröffentlicht, die mehrere, vermummte und männliche junge Männer dabei zeigen, wie sich diese in zumeist nächtlichen Aktionen, illegal Zugang zu U-Bahnschächten im Raum Berlins verschaffen und ganze Züge mit ihren Initialen „1Up" besprühen, während sie die Stadt als „ihre Leinwand" bezeichnen und postulieren „eine Lebensgemeinschaft, eine Familie" zu sein[3]. Die Frage, ob Kriminelle selbst auf öffentlichen Plattformen vertreten sind, ohne dass ihre Videos zensiert werden, lässt sich in diesem Zusammenhang also bejahen. Des Weiteren scheinen sie keine rechtlichen Konsequenzen befürchten zu müssen, sobald sie sich zu keiner Zeit mit ihrem tatsächlichen Namen ansprechen, oder aber ihr Gesicht erkennbar zeigen. Offensichtlich filmen sie sich tatsächlich bei ihren Straftaten und offenbar scheint dies auch im Rahmen der Betreiber öffentlicher Videoplattformen geduldet zu werden. Viele dieser Videos besitzen weit über 100.000 Klicks. Das heißt sie wurden über 100.000 mal von Internetnutzern angesehen, was unter der Berücksichtigung, dass viele dieser Videos seit nicht einmal einem halben Jahr online und primär an den Raum Berlin adressiert sind, sicherlich eine beachtliche Zahl darstellt. Zu der beachtlichen Anzahl an Klicks gesellt sich des Weiteren auch eine Vielzahl an Kommentaren, die zu den Videos abgegeben worden sind.

Doch was geschieht, wenn auch kriminelle Aktivitäten zunehmend mediatisiert werden? Welche Transformationen lassen sich in Bezug auf das Beispiel ausmachen?

Graffiti ist Kommunikation im öffentlichen Raum, im Rahmen derer die Writer ihre Identität illegal den „Leinwänden" der Stadt einschreiben. Durch die Mediatisierung scheint sich diese jedoch auch auf den öffentlichen, virtuellen Raum ausgedehnt zu haben. Die Writer

---

[3] Video zu sehen unter: http://www.youtube.com/watch?v=D39gTQDhx8U, Stand 15.04.2012

schreiben ihre Identität nun auch in die legalen „Leinwände" der virtuellen Welt, trotz illegalen Inhaltes, ein. Des Weiteren scheint sich die Zuschauerposition verlagert zu haben. Es ist nun nicht mehr notwendig, körperlich während der Straftaten anwesend sein zu müssen, um diese beobachten zu können. Die Videos ermöglichen nun Zeuge dieser nächtlichen, illegalen Aktionen zu werden, innerhalb derer die Writer ihre Zeichen setzen, ohne ihnen jemals faktisch begegnen zu müssen. Die Straftat kann beliebig oft betrachtet werden, ohne sich auch nur in der Nähe der Täter befinden zu müssen. Ferner müssen die Kriminellen nicht einmal dazu gezwungen werden, ihre Straftaten zu dokumentieren und offen zu legen, laden sie sie doch freiwillig hoch. Die Mediatisierung ermöglicht in diesem Zusammenhang offenbar auch verstärkt Einsicht in die Produktion und den Produktionskontext derartigen abweichenden Verhaltens zu erhalten. Waren zuvor nur die Endprodukte, wie z.B. die mit Bildern besprühten Zugwagons zu sehen, so ist es nun durch die Videos und Videoplattformen möglich, das direkte Anbringen der Bilder, durch die Aufnahmen zu beobachten. Doch auch einen Einblick in die Perspektive der Produzenten solch illegaler Bilder, erlauben die Videos. So transportieren die Kriminellen auch größtenteils ihre Motive und Beweggründe zu der Straftat. Im Fall der 1Up-Crew erfolgt dies teilweise mit regelrecht poetisch klingenden Zitaten, die die Bilder kommentieren: *„Am Anfang wollten wir einfach nur malen. Aber mit der Zeit, wurde die ganze Stadt zu unserer Leinwand."*[4] Auf der anderen Seite ist jedoch durch solche Videoplattformen auch ein näherer Blick auf die Rezipienten, sowie gleichzeitig die Resonanz, die die Videos evozieren, möglich. Kommentare, wie *„Legalize it ! Graffiti ♥"* oder *„das sind ja wirklich illuminaten !"*[5] lassen darauf schließen, wie die Protagonisten solcher Videos betrachtet und als was für Menschen sie entweder von Szenemitgliedern, oder aber von Laien und Außenstehenden verhandelt werden (als Kriminelle, Helden, Opportunisten, Illuminaten, Künstler, Vandalen usw.). Gleichzeitig bietet dies auch den Writern selbst die Möglichkeit, Rückschlüsse ziehen zu können, wie ihre Aktivitäten von den „Zuschauern" aufgefasst werden.

Auch Kriminelle, wie das Beispiel gezeigt hat, bedienen sich digitaler Medien, um ihre illegalen Aktivitäten zu dokumentieren und auf öffentlichen Videoplattformen zu publizieren. Dabei scheint das Medium jedoch nicht einfach nur eine vermittelnde Funktion einzunehmen. Viel mehr scheinen sich dadurch auch räumliche, soziale und zeitliche Komponenten geändert zu haben. Die Straftat wird nun auch im Hinblick auf die Kamera, die die Writer bei ihren illegalen Aktivitäten filmt, und sinnbildlich für den Zuschauer steht, der adressiert werden soll, begangen und es werden des Weiteren zusätzliche Interaktions- und Kommunikati-

---

[4] Zitat entnommen aus: http://www.youtube.com/watch?v=D39gTQDhx8U, Stand 15.04.2012
[5] Beide Kommentare einzusehen unter: http://www.youtube.com/watch?v=bYAdl30TQGc&feature=showob, Stand 17.04.2012

onsformen möglich (kommentieren, bewerten, Diskussionen im virtuellen, öffentlichen Raum usw.). Es besteht nun nicht mehr die Notwendigkeit räumlicher Anwesenheit, um Zeuge der Straftaten zu werden und die Tat kann prinzipiell jederzeit und allerorts von jedem, der über einen Internetzugang verfügt, (wenn auch selektiv, da es aus der Perspektive der Kriminellen selbst erfolgt) eingesehen, sowie kommentiert werden. Zusammenfassend lässt sich also konstatieren, dass auch abweichendes Verhalten einer zunehmenden Mediatisierung zu unterliegen scheint. Der Leitspruch „Broadcast Yourself" – „Sende dich selbst", der von der Videoplattform Youtube groß gemacht wurde, scheint also wohl selbst vor abweichendem Verhalten nicht Halt zu machen.

Weiterführende Überlegungen:

- Illegales Graffiti scheint einen Grenzfall abweichenden Verhaltens darzustellen, da es zwar gesetzlich eindeutig als Sachbeschädigung betrachtet, sozial jedoch umstritten gedeutet und verhandelt wird
- Eine Betrachtung abweichenden Verhaltens im Web 2.0 wird wohl eine differenziertere Perspektive einnehmen müssen, da nicht jede Straftat oder jedes Vergehen auch gleich (sowohl gesetzlich, als auch sozial) behandelt wird

→ Graffiti stellt die Beschädigung von Sachen dar; anders kann und wird es sich vermutlich jedoch mit der „Beschädigung" von Personen, insbesondere in Bezug auf Kinder, verhalten

→ Stärker gesetzlich und sozial geahndete Bereiche abweichenden Verhaltens, wie Pädophilie oder Mord werden vermutlich nicht auf allgemein zugänglichen Plattformen veröffentlicht werden

→ Die Aussage Plattformen wie Youtube würden selbst vor abweichenden Verhalten nicht Halt machen, kann also keine allumfassende sein, da es sicherlich auch vielerlei abweichendes Verhalten geben wird, das sich zum einen nicht anbietet veröffentlicht zu werden, da die Tat selbst nicht z.B. der Anerkennung durch andere, sondern viel mehr der Befriedigung eigener, abweichender Bedürfnisse dient, oder aber die Betreiber vor der Publikation solcher Inhalte (selbst wenn Youtube proklamiert sich nicht für den Inhalt der Benutzer haftbar zu machen) zurückschrecken, oder aber mit der Veröffentlichung zu stark befürchtet werden muss, strafrechtlich verfolgt zu werden

Literaturverzeichnis

Bolte, K. M., & Hradil, S. (1984). *Soziale Ungleichheit in der Bundesrepublik Deutschland.* Opladen: Leske und Budrich.

Bundesministerium der Justiz. (2012). *juris BMJ.* Abgerufen am 14. April 2012 von http://www.gesetze-im-internet.de/impressum.html

Hartmann, M., & Hepp, A. (2010). *Die Mediatisierung der Alltagswelt.* Wiesbaden: VS Verlag für Sozialwissenschaften.

Hepp, A. (2011). *Medienkultur: Die Kultur mediatisierter Welten.* Wiesbaden: VS Verlag für Sozialwissenschaften.

Hepp, A., & Krönert, V. (2009). *Medien-Event-Religion: Die Mediatisierung des Religiösen.* Wiesbaden: VS Verlag für Sozialwissenschaften.

Huber, M. (2008). *Kommunikation im Web 2.0.* Konstanz: UVK.

Krotz, F. (2007). *Mediatisierung: Fallstudien zum Wandel von Kommunikation.* Wiesbaden: VS Verlag für Sozialwissenschaften.

Krotz, F. (2008). Media connectivity: Concepts, conditions and consequences. In A. Hepp, F. Krotz, S. Moores, & C. Winter, *Connectivity, Networks and Flows. Conzeptualizing Contemporary Communications* (S. 13 - 32). Cresskill, NJ: Hampton Press.

Lüdemann, C., & Ohlemacher, T. (2002). *Soziologie der Kriminalität. Theoretische und empirische Perspektiven.* Weinheim und München: Juventa Verlag.

Lundby, K. (2009). *mediatization. concept, changes, consequences.* New York: Peter Lang Publishing.

Meyen, M. (2009). Medialisierung. *Medien & Kommunikationswissenschaft,* S. 23 - 38.

Peters, H. (2009). *Devianz und soziale Kontrolle: Eine Einführung in die Soziologie abweichenden Verhaltens.* Weinheim und München: Juventa Verlag.

Ripanti, M., & Godau, M. (2008). *Online - Communities im Web 2.0. So funktionieren im Mitmachnetz Aufbau, Betrieb und Vermarktung.* Braunschweig: BusinessVillage.

Schulz, W. (2004). Reconstructing Mediatization as an Analytical Concept. *European Journal of Communication,* S. 87 - 101.

Skrotzki, A. (1999). *Graffiti. Öffentliche Kommunikation und Jugendprotest.* Stuttgart: Edition 451.

Vowe, G. (2006). Mediatisierung der Politik? Ein theoretischer Ansatz auf dem Prüfstand. *Publizistik,* 437 - 455.

9